Walter Scheel
Hans Apel

# Die Bundeswehr und wir

*Zwei Reden*



Suhrkamp

suhrkamp taschenbuch 522
Erste Auflage 1978

Suhrkamp Taschenbuch Verlag

Satz und Druck: Wagner, Nördlingen.
Printed in Germany.
Umschlag nach Entwürfen von
Willy Fleckhaus und Rolf Staudt.

# Inhalt

# Walter Scheel
# Über die sittlichen Grundlagen von Verteidigungsbereitschaft und demokratischem Bewußtsein

Meine Herren!

Es ist mir eine Pflicht und eine Freude, zu Ihnen zu sprechen.

Sie sind verpflichtet, sich zu diesem freiheitlichen Staat zu bekennen, für ihn einzutreten, ja, ihn notfalls mit Ihrem Leben zu verteidigen. Und so dürfen Sie erwarten, daß die höchsten Vertreter dieses Staates sich, und zwar in aller Öffentlichkeit, zur Bundeswehr bekennen, für sie eintreten und, wo es notwendig ist, sie gegen ungerechtfertigte Angriffe verteidigen.

Ich tue das mit Freude und voller Überzeugung. Dieser Staat braucht Sie, dieser Staat vertraut auf Sie, dieser Staat steht zu Ihnen. Staat und Gesellschaft haben allen Anlaß, eine solche Haltung einzunehmen: Ihre Arbeit hat den Sinn, das Kostbarste, neben der Freiheit, ja, die erste und wichtigste Bedingung der Freiheit zu wahren und zu sichern: den Frieden. Der Dienst in der Bundeswehr ist Friedensdienst.

Das ist zwar eine Selbstverständlichkeit, aber es scheint mir nicht unnötig, das erneut klarzustellen. Die teilweise hitzige und nicht immer mit der erforderlichen Besonnenheit geführte Diskussion um die Kriegsdienstverweigerung hat da einiges unklar gemacht. Diese Diskussion erweckte manchmal den Anschein, als ob nur die Kriegsdienstverweigerer ein Gewissen hätten, das sich um den Frieden sorgt.

Jeder Soldat weiß vermutlich besser als manch anderer, der gern vom Frieden redet, welch furchtbare Folgen ein Krieg in Europa für Deutschland haben würde. Es gibt keine Streitkraft in der Welt, die so elementar an der Erhaltung und Sicherung des Friedens interessiert sein muß wie die Bundeswehr.

Wer in die Bundeswehr geht, sei es als Berufssoldat, als Zeitsoldat, als Wehrpflichtiger, tut das nicht zuletzt deshalb, um damit seinen Beitrag zur Sicherung des Friedens zu leisten. Ja, es gibt eine ganze Menge Soldaten, die ihr Gewissen dazu treibt, Soldat zu werden, weil sie der Auffassung sind, der Sache des Friedens so am besten dienen zu können.

Daß wir 33 Jahre ohne Krieg gelebt haben, das ist nicht zuletzt das Verdienst der Nordatlantischen Verteidigungsgemeinschaft, der die Bundeswehr als wesentlicher Bestandteil angehört. Ihr Dienst bewirkt, daß wir anderen die Früchte des Friedens ernten können: Freiheit und Wohlstand.

Die Bundeswehr verlangt keine Dankbarkeit für ihre Leistung. Aber eines kann und muß sie verlangen: den Respekt, der der Arbeit für den Frieden gehört.

Damit sieht es in unserem Lande etwas sonderbar aus.

Die Mehrheit der Bevölkerung, das haben Umfragen ergeben, fühlt zwar die Notwendigkeit unseres Verteidigungsbeitrages. Dies hat aber, seltsamerweise, nicht die Folge, daß es bei uns selbstverständlich geworden wäre, für die Bundeswehr einzutreten. Und wenn es geschieht, so wird man beim Zuhören nur selten das Gefühl los, daß es sich hierbei um Pflichtübungen handelt. Ein Gegenstand öffentlicher Diskussion ist die Bundeswehr in den letzten Jahren fast nur dann geworden, wenn Pannen passiert sind.

Eine Untersuchung über das Bild der Bundeswehr in der Öffentlichkeit kommt zu folgendem Ergebnis: Von wenigen Ausnahmen in der überregionalen Presse abgesehen, gibt es keine kontinuierliche Berichterstattung über die Entwicklung der internen Struktur, über Probleme der gesellschaftlichen Integration oder die wirtschaftliche Bedeutung der Bundeswehr. Zwar taucht die Bundeswehr häufig in der Berichterstattung auf, doch handelt es sich dabei in der Regel um Ereignisse, Affären oder Anekdoten, die lediglich nachrichtlichen Wert besitzen. Zudem läßt sich dabei noch beobachten, daß gelegentlich die Bundeswehr als Auslöser oder auch als Vehikel für originär politische Auseinandersetzungen herhalten muß.

Diese durch die Untersuchung festgestellten Tatbestände stimmen mit meinen eigenen Beobachtungen überein.

Wissenschaftliche Untersuchungen zu Fragen der Bundeswehr gibt es in unseren

Universitäten kaum. Es gibt auch kaum eine ernsthafte Erzählung eines deutschen Schriftstellers, die sich mit dem Alltag in unseren Kasernen befaßt. Bundeswehr-Soldaten tauchen in der modernen Literatur, wenn überhaupt, als Karikaturen auf. Menschliche Schicksale werden bei Menschen in Uniform nicht vermutet.

Eine Durchsicht aller 81 zur Zeit für die Abschlußklassen der allgemein- und berufsbildenden Schulen zugelassenen Sozialkundebücher zeigt folgendes Ergebnis: Mehr als 90 Prozent der Bücher führen weder »Bundeswehr« noch »Wehrpflicht«, noch »Kriegsdienstverweigerung« im Inhaltsverzeichnis auf. Bei mehr als zwei Dritteln der Bücher fehlen die Begriffe auch im Sachwortverzeichnis. Ich glaube, eine derartige Scheu, sich mit den Grundlagen der eigenen Sicherheitspolitik vertraut zu machen, eine solche Angst, das Thema Militär auch nur in Gedanken zu berühren, findet sich nur in unserem Lande. Und dabei opfert die Gesellschaft jährlich über 40 Milliarden Mark für die eigene Verteidigung.

Wir haben – irgendwie – ein schlechtes Gewissen, wenn wir an das Militär denken. Wir fürchten, in den Geruch des Militarismus zu kommen, wenn wir uns um die Bundeswehr kümmern.

Es gilt als ein Ausweis friedlicher Gesinnung, wenn man sich ausschließlich der Kriegsdienstverweigerer annimmt.

Und machen wir uns nichts vor: Es gilt in weiten Kreisen immer noch als schick, die Bundeswehr abzulehnen. Das ist immer noch ein probates Mittel, seine »kritische Unabhängigkeit« gegenüber dem Staat unter Beweis zu stellen. Man ist Antimilitarist, das klingt schön und fortschrittlich und hebt das Selbstgefühl.

Diese Haltungen haben natürlich ihre historischen Gründe. Unser Volk hat sehr schlimme Erfahrungen mit Kriegen gemacht. Es haßt den Krieg, und es hat gute Gründe, den Krieg zu hassen. In unserer Vorstellung verbindet sich ganz automatisch der Begriff Soldat mit dem Begriff Krieg. Und weil wir an den Krieg nicht denken mögen, möchten wir auch nicht an den Soldaten denken. Und so sprechen wir auch nicht über den Soldaten. Und weil wir nicht darüber sprechen, wird uns auch nicht klar bewußt, daß der Soldat der Bundeswehr kein Werkzeug des Krieges, sondern ein Werkzeug des Friedens ist.

Und so lebt die Bundeswehr in einem Zustand dauernder Selbstrechtfertigung gegenüber Vorwürfen und Unterstellungen, die meist noch nicht einmal ausgesprochen werden. Es ist in unserer Gesellschaft kein leichter Entschluß, den Beruf eines Soldaten der Bundeswehr zu ergreifen. Keine andere Berufsentscheidung wird von Schulkameraden, Eltern, Geschwistern, Freunden und Freundinnen, Studienkollegen etc. so in Frage gestellt wie die, unserem Staat in der Bundeswehr zu dienen. Viele Freundschaften sind an dieser Berufsentscheidung zerbrochen. Und tritt der Berufssoldat aus seinem Dienstbereich in die Gesellschaft wieder hinaus, und geschieht das gar in Uniform, dann muß er sich wieder rechtfertigen. Nicht nur er allein übrigens, seine Frau auch. Die Kinder von Soldaten haben es schwer in unseren Schulen. Sie werden von ihren Schulkameraden, und nicht selten auch von den Lehrern, beeinflußt, sich gegen die Berufsentscheidung des Vaters zu stellen, mit allen daraus folgenden Konsequenzen für das Familienleben. All das geschieht bei uns tausendfach, und kein Mensch spricht darüber.

Kann man es unter diesen Umständen den Soldaten verdenken, daß viele sich von der übrigen Gesellschaft mehr und mehr abschließen und nur noch untereinander verkehren möchten? Liegt hier nicht eine der Ursachen dafür, daß sich hie und da in der Bundeswehr Geisteshaltungen entwikkeln oder konservieren können, die in der demokratischen Gesellschaft Befremden auslösen müssen? Aber können wir uns Streitkräfte leisten, die nicht in einem lebendigen Bezug zur übrigen Gesellschaft stehen? Kann man von den Soldaten erwarten, daß sie notfalls mit ihrem Leben eine Gesellschaft verteidigen, die sie nicht zur Kenntnis nehmen will?

Ich glaube, hier liegt manches im argen. Wir haben, so meine ich, noch kein entspanntes, natürliches Verhältnis zu unserer

Wiederbewaffnung gefunden. Aus der Tatsache, daß über die Grundfragen der Bundeswehr in der Öffentlichkeit nahezu überhaupt nicht diskutiert wird, schließen wir allzu schnell, daß sie auch geistig in die Gesellschaft integriert sei.

Die Gesellschaft hat die Existenz der Bundeswehr zwar hingenommen – aber sie hat sie noch nicht geistig verarbeitet. Man fühlt dumpf ihre Notwendigkeit, aber man möchte sie nicht vor seinem Bewußtsein eingestehen. Vor allem möchte man keine Konsequenzen für sich selbst daraus ziehen. Typisch hierfür ist, daß nach Umfragen selbst ca. die Hälfte der Kriegsdienstverweigerer die Bundeswehr für »wichtig« oder »sehr wichtig« hält.

Man beschäftigt sich eben nicht mit dem Militär. Dahinter steht auch ein nicht unerheblicher gesellschaftlicher Druck. Aus einer Beschäftigung mit dem Militär könnte ja auf eine gewisse Affinität zur Bundeswehr geschlossen werden. Ja, meine Herren, es ist traurig, aber es muß einmal ausgesprochen werden: Eine positive Beziehung zur Bundeswehr schädigt bei uns in manchen Berufen – und das gilt auch für Politiker und Journalisten – das Sozialprestige. Ein Schriftsteller, der sich für die Bundeswehr einsetzt, wird von seinesgleichen in diesem Lande nicht mehr für voll genommen.

Der Scheu, in der Öffentlichkeit über militärische Grundfragen offen und klar zu reden, entspricht die Scheu der Bundeswehr, sich selbst, ihren Auftrag, ihre Struktur, ihre Leistung in der Öffentlichkeit darzustellen.

Wo sind eigentlich diese 500 000 Mann? Der normale Bundesbürger bekommt seine Bundeswehr kaum zu Gesicht. Hin und wieder sieht er in den Fernsehnachrichten ein paar Panzer durch die Lüneburger Heide fahren, und manchmal, besonders nachts, ärgern ihn Militärkolonnen auf der Autobahn. Für viele Bundesbürger reduziert sich unsere Bundeswehr auf das Wachbataillon, das bei Staatsbesuchen vor meinem Amtssitz antritt. Und selbst dies ist in der Öffentlichkeit zuweilen höchst unsanfter Kritik ausgesetzt. Ich glaube, für eine halbe Million Menschen ist es psychologisch schwer zu verkraften, dauernd gute Arbeit leisten zu müssen, ohne daß diese Arbeit von der Öffentlichkeit auch nur wahrgenommen wird.

Betrachtet man die Werbung der Bundeswehr, stellt man etwas erstaunt fest, daß von dem militärischen Auftrag, von den demokratischen Aufgaben der Bundeswehr, von den unabdingbaren Prinzipien des Befehlens und Gehorchens in dieser Werbung kaum die Rede ist. In ihrer Werbung stellt sich die Bundeswehr eher als ein sportliches Freizeitunternehmen dar, das Gelegenheit bietet, in modernstem technischen Gerät zu Wasser, zu Luft und zu Lande herumzufahren, oder als staatliche Ausbildungsstätte für hochqualifizierte technische Berufe.

Wo aber soll ein junger Mann in der Bundesrepublik Deutschland nun eigentlich die Information herbekommen, die ihm eine verantwortliche Berufsentscheidung für die Bundeswehr ermöglicht?

In der Schule erhält er sie nicht, durch die Medien erhält er sie nicht, und von der Bundeswehr erhält er sie auch nicht.

Geht man den Gründen dieser Art Werbung der Bundeswehr nach, so erfährt man, Informationen über den eigentlichen Auftrag der Bundeswehr seien nicht gefragt; sie hätten auch nicht die erwünschte Wirkung.

Und das hat seinen Grund eben darin, daß eine geistige Durchdringung der Frage unserer Wiederbewaffnung nur in Ansätzen vorhanden ist, daß man sich vor einer geistigen Auseinandersetzung drückt.

Soll die Bundeswehr ein Teil des bewußten demokratischen Lebens aller Bürger werden, dann muß diese geistige Auseinandersetzung stattfinden. Wir können es uns als demokratische Gesellschaft nicht leisten, die allgemeine Wehrpflicht gesetzlich anzuordnen und die Bundeswehr in einen dicht abgeschlossenen Kellerraum unseres Bewußtseins zu verbannen.

Jede geistige Auseinandersetzung mit den Fragen unserer Verteidigung muß ausgehen von dem Auftrag der Bundeswehr.

Dieser Auftrag lautet: Friedenserhaltung durch Abschreckung.

Die Bundeswehr ist Teil eines großen

Verteidigungsbündnisses, der NATO. Die NATO hat die Aufgabe, ihre Verteidigungskraft so zu stärken, daß jeder Angriff eines potentiellen Gegners auf ein Mitgliedsland für diesen Gegner mit einem unkalkulierbaren Risiko verbunden ist. Dieses Risiko muß so groß sein, daß der potentielle Gegner, rationale Überlegungen auf seiner Seite vorausgesetzt, nicht auf den Gedanken kommt, einen derartigen Angriff zu wagen.

Diese Abschreckung wird ihre Wirkung nur erzielen, wenn sie glaubwürdig ist. Und glaubwürdig ist sie nur, wenn sie auch für den Ernstfall, den es gerade zu verhindern gilt, vorbereitet ist.

Die Funktion der Friedenssicherung kann die Bundeswehr also nur erfüllen, wenn sie für den Ernstfall gerüstet ist, gerüstet nicht nur im Hinblick auf Waffen und Ausrüstung, sondern – und das ist das wichtigste – auch im Bewußtsein der Soldaten. Das heißt aber, wenn wir den Frieden erhalten wollen, dann müssen wir unsere Soldaten im Hinblick auf einen möglichen Krieg ausbilden. Diese harte Wahrheit wird leider zu häufig verschwiegen oder mit mehr oder weniger schönen Worten vernebelt. Sprüche wie: »Wenn ein Krieg ausbricht, dann hat die Bundeswehr eben versagt«, sind da wenig hilfreich; ganz abgesehen davon, daß in einem solch schrecklichen Fall weniger die Bundeswehr als vielmehr die Politik versagt hätte.

Das Problem des Soldatenberufs, den Frieden nur erhalten zu können, indem man sich auf einen möglichen Krieg vorbereitet, hat die Konsequenz, daß der Soldat sowohl das Ziel des Friedens als auch die Möglichkeit des Krieges ständig vor Augen haben muß. Die Frage nach dem Sinn des Soldatenberufs läßt sich also nicht nur damit beantworten, daß er den Frieden zu sichern habe. Der Soldat muß sich, auch im Frieden, die Frage vorlegen, welchen Sinn sein Beruf beim Ausbruch eines Konfliktes habe. Nur dann, wenn er diese Frage vor sich selbst klar beantworten kann, kann er sich für den möglichen Ernstfall vorbereiten und damit den Frieden sichern.

Das heißt, wir kommen bei der Ausbildung unserer Soldaten nicht um die Frage herum: Gibt es irgend etwas, das es rechtfertigt, im Ernstfall 1. andere Menschen zu töten und 2. sein eigenes Leben zu opfern?

Vor ein paar Wochen gab es eine Fernsehsendung mit Jugendlichen über diese Frage. Alle Jugendlichen im Studio waren sich darüber einig, daß es dergleichen in unserer Zeit nicht mehr gebe. Für Frau und Kind könne man möglicherweise sein Leben einsetzen, nicht aber für Ideale wie Freiheit und Gerechtigkeit, für Begriffe wie Vaterland, Staat oder Gemeinschaft. Und natürlich wurden die Jugendlichen von den Veranstaltern für diese Erkenntnisse belobigt.

Mir hat das sehr zu denken gegeben. Wenn dies die Haltung der ganzen jungen Generation wäre, so sähe es mit der Abschreckungswirkung unserer Bundeswehr für einen potentiellen Gegner recht dürftig aus.

Sollte die oben geschilderte Haltung typisch für unsere junge Generation sein – und manches spricht dafür –, so läge darin weniger ein Versäumnis oder gar eine Schuld der Jugendlichen selbst. Die

Schuld läge vielmehr bei der Gesellschaft, den Politikern, dem Bildungssystem, den Medien, die sich als unfähig erwiesen hätten, den jungen Menschen den Wert der Freiheit begreifbar zu machen.

Was ist das überhaupt für eine Freiheit, die man nicht verteidigen will? Haben wir unserer jungen Generation die Freiheit nicht gar zu sehr als eine Ware unserer Wegwerfgesellschaft dargestellt, die man konsumieren kann, die man aber einfach fallen lassen kann, wenn sie lästig wird, das heißt, wenn sie einen zu eigener Tätigkeit zwingt?

Die Frage, welchen Stellenwert die Freiheit für die Menschen in unserem Lande besitzt, beantwortet sich deutlicher und klarer, als es viele schöne Worte vermögen, durch die Haltung, die die Bürger gegenüber der allgemeinen Wehrpflicht einnehmen. Die Erziehung zur Freiheit – und nichts anderes sollte die Erziehung in einem demokratischen Land sein – erfordert eine intensive Auseinandersetzung mit der allgemeinen Wehrpflicht. Denn sie ist die wirkliche Nagelprobe darauf, wie wir es denn eigentlich mit der Freiheit halten.

Wie eine demokratische Erziehung in unseren Bildungsstätten ohne eine intensive geistige Auseinandersetzung mit den sittlichen Grundfragen unserer Verteidigung erfolgen kann, ist mir, ehrlich gesagt, rätselhaft. Dieses sonderbare Phänomen ist, wenn überhaupt, nur zu erklären durch die erwähnte tiefsitzende Scheu vor allem Militärischen, die zur Folge hat, daß man allerorts um das eigentliche Problem wie die Katze um den heißen Brei herumgeht.

Sind die einen nicht bereit, für die Freiheit zu sterben, so sind die anderen nicht bereit, für die Freiheit zu töten. Dies, und nur dies, ist der sittliche Kern des im Grundgesetz festgelegten Kriegsdienstverweigerungsrechts.

Über dieses Problem haben die großen Geister aller Zeiten nachgedacht. Sie sind zu verschiedenen Ergebnissen gekommen. Auch ich glaube, daß sich die Frage, ob ein Mensch einen anderen um eines hohen Gutes willen in einer Notwehrsituation töten dürfe, in einer pluralistischen Gesellschaft nicht eindeutig und verbindlich für alle Bürger beantworten läßt. Dies zu entscheiden ist Sache des persönlichen Gewissens des einzelnen.

Die zwei hier möglichen Entscheidungen sind Gewissensentscheidungen, sowohl die eine als auch die andere. Kriegsdienstverweigerer haben nicht das Gewissen gepachtet; sie haben auch kein nachweisbar besseres Gewissen als in der Bundeswehr Dienende, sie haben nur, völlig zu Recht, ein anderes Gewissen.

Indem unsere Verfassung die Kriegsdienstverweigerung aus Gewissensgründen garantiert und zugleich die allgemeine Wehrpflicht vorsieht, ist der gegenwärtige Konflikt zwischen Kriegsdienstverweigerung und Wehrpflicht schon in der Verfassung angelegt. Jedermann ist sich darüber im klaren, daß man ein individuelles Gewissen nicht amtlich prüfen kann. Und es liegt auch auf der Hand, daß die auf Grund der einstweiligen Verfügung des Bundesverfassungsgerichts wieder eingeführten Prüfungsverfahren zu unbefriedigenden Entscheidungen geführt haben.

Da das Gewissen im Prinzip nicht nachprüfbar ist, hat das Grundgesetz selbst praktisch die Wahlfreiheit zwischen Wehrdienst und Ersatzdienst getroffen. Jedermann kann behaupten, auch wenn ihn sein Gewissen überhaupt nicht drückt, daß er den Kriegsdienst aus Gewissensgründen verweigere. Das wäre in einem solchen Fall zwar objektiv eine Lüge, eine Lüge jedoch, die nach außen als solche nicht erkennbar ist.

Wie auch immer das endgültige Urteil des Bundesverfassungsgerichts aussehen wird, ich glaube, kein Gesetz wird diesen in der Verfassung selbst angelegten Widerspruch aufheben können. Es wäre unrealistisch, sich darüber Illusionen zu machen. Ich bin der Auffassung, daß sich die mit dem Artikel 4 Abs. 3 GG zusammenhängenden Probleme nur dadurch lösen lassen, daß der Sinn des Dienens, sei es bei der Bundeswehr, sei es beim Ersatzdienst, in unserer Jugend lebendig wird. Das ist eine Erziehungsaufgabe, vor der wir uns nicht länger drücken dürfen. Freilich muß sichergestellt sein, daß die eine Gruppe nicht ungerechtfertigte Vorteile gegenüber der anderen Gruppe erhält.

Kriegsdienstverweigerer und Bundeswehr stehen einander im Augenblick mit tiefem Mißtrauen gegenüber. Das muß nicht notwendig so sein. Die Bundeswehr kann in einer Stärkung der sozialen Dienste in unserem Lande durchaus eine Stärkung der Verteidigungskraft unseres Landes sehen. Je besser der Staat ist, desto verteidigungswerter ist er; je sozialer und menschlicher er ist, desto mehr ist der Soldat bereit, sich für ihn einzusetzen.

Die Kriegsdienstverweigerer ihrerseits könnten erkennen, daß nicht nur sie allein ein Gewissen haben, daß nicht nur sie allein sich um den Frieden bemühen, sondern auch die Angehörigen der Bundeswehr. Beide Seiten sollten sich dessen bewußt sein, daß ihr Verhalten auf die andere Seite sehr erhebliche Auswirkungen hat.

Wie will man das Prinzip des Gehorsams in der Bundeswehr aufrechterhalten, wenn es hingenommen wird, daß die Ersatzdienstleistenden, obwohl es ihnen gesetzlich verboten ist, streiken? Es stünde den

Kriegsdienstverweigerern wohl an, wenn sie die Auswirkungen ihrer Argumentation und Aktionen auf die Bundeswehr mitbedächten. Mir jedenfalls erschiene ihr demokratisches Engagement dann überzeugender.

Ich hätte es auch begrüßt, wenn sich alle Parteien eindringlich gegen den gesetzwidrigen Streik der Ersatzdienstleistenden gewandt hätten.

Bundeswehr und Gesellschaft müssen nicht nur die zweifache Aufgabe unserer Verteidigung in das demokratische Bewußtsein aufnehmen, sie müssen sich auch des historischen Orts der Streitkräfte bewußt werden.

Der Mensch ist ein geschichtliches Wesen. Er versteht seine Gegenwart nur richtig, wenn er sie als das Ergebnis historischer Prozesse begreift. Auch die Bundeswehr ist das Ergebnis eines historischen Prozesses.

Ich komme damit zu der Frage, welche Rolle die geschichtliche Tradition in der Bundeswehr zu spielen hat. Diese Frage wird häufig mit der anderen verwechselt, welche Traditionen zu pflegen sind. Das jedoch kann man nur beantworten, wenn man die Geschichte insgesamt überblickt. Die Traditionspflege kann und darf nicht bedeuten, daß wir problematische und dunkle Epochen unserer Geschichte verdrängen. Gerade der Bundeswehr muß bewußt sein, welch verhängnisvolle Rolle das Militär in der Geschichte unseres Landes zuweilen gespielt hat. Daraus muß sie lernen.

Ich habe einmal gesagt: »Erst aus der Geschichte kann unser Volk Wert und Würde der Demokratie verstehen lernen und erst, wenn wir aus unserer Geschichte die Folgerung der Demokratie ziehen, dann haben wir sie richtig verstanden.« Das heißt zunächst, die Bundeswehr darf die Militärgeschichte nicht isoliert betrachten. Die Militärgeschichte muß, vom Standpunkt der Demokratie aus, als Teil der Geschichte unseres Volkes gesehen, bewußt gemacht und bewertet werden.

Jeder objektive Betrachter wird den deutschen Soldaten des Zweiten Weltkrieges zugestehen, daß sie zum Teil großartige militärische Leistungen vollbracht haben. Diese militärischen Leistungen müssen jedoch im Zusammenhang mit den verbrecherischen Zielen des Zweiten Weltkrieges gesehen werden. Wenn wir das nicht tun, verfallen wir wieder in den tragischen Irrtum, in den die tapferen Soldaten des Zweiten Weltkrieges gefallen sind. Auch ihrem Andenken sind wir es schuldig, daß wir uns den Blick für die furchtbare Vergeblichkeit und Sinnlosigkeit ihrer Leistungen nicht trüben lassen.

Der deutsche Soldat muß sich bewußt sein, daß, vom Standpunkt der Demokratie aus, im Zweiten Weltkrieg Männer wie Generaloberst Beck, Graf Stauffenberg und ihre Mitstreiter ihre Pflicht als Soldat getan haben.

Indem sie sich zum Widerstand entschlossen, nahmen sie bewußt zwei furchtbare Alternativen in Kauf. Entweder sie scheiterten, dann war ihnen ein schmachvoller Tod gewiß. Oder sie hatten Erfolg und bewahrten ihr Vaterland vor dem Schlimmsten: Dann hätten sie bis an ihr Lebensende die Verleumdung ertragen müssen, das deutsche Volk durch Verrat um den sicheren Endsieg gebracht zu haben. Eine schwerere Entscheidung ist von deutschen Soldaten nie getroffen worden.

Darf nun der Soldat der Bundeswehr Mut, Tapferkeit, Kameradschaft, Ritterlichkeit der Soldaten des Zweiten Weltkrieges nicht ehren?

Er darf es – mit Trauer; mit Trauer darüber, daß all das, was die Ehre seines Berufs im Kriege ausmacht, auf schändliche Weise mißbraucht wurde. Seine Kameraden des Zweiten Weltkrieges wegen ihrer soldatischen Tugend ehrend, sollte in ihm der feste Wille heranreifen, sich selbst nie auf solche Art mißbrauchen zu lassen.

Welche Traditionen sollen nun in der Bundeswehr gepflegt werden?

Diese Frage läßt sich über das Gesagte hinaus nur beantworten, wenn man die zweifache Aufgabe der Bundeswehr ins Auge faßt: den Frieden zu erhalten und für den Krieg bereit zu sein.

Ein Soldat, dem der Rang des Friedens nicht bewußt ist, ist kein guter Soldat. Der Soldat muß den Frieden ehren. Er soll in sich den Willen zum Frieden kräftigen. Das geschieht auch dadurch, daß er sich die großen Männer des Friedens, die unser Volk hervorgebracht hat, zum Vorbild nimmt. Es wäre keine schlechte Idee, eine Kaserne nach einem deutschen Friedensnobelpreisträger zu benennen.

Aber der Soldat kann den Frieden nur sichern, wenn er für den Krieg bereit ist. Der Krieg hat mit dem Tode zu tun. Und hierin liegt auch der tiefere Grund dafür, weshalb alle Streitkräfte auf der Welt Traditionen brauchen. Verwaltungsvorschriften und Ausbildungsrichtlinien allein sind keine ausreichende Grundlage für das, was vom Soldaten im Kriege gefordert wird. Der Soldat braucht, um ein guter Soldat sein zu können, das Vorbild guter Soldaten. Der Soldat ist auf den Krieg nur richtig vorbereitet, wenn er sich auch im Kriege seine Menschlichkeit bewahren kann. Dazu braucht er Vorbilder.

Die deutsche Kriegsgeschichte ist reich an Personen und Ereignissen, die hier im besten Sinne bildend wirken können. Die besten Vorbilder sind für die Bundeswehr gerade gut genug. Sie ist es sich und der Würde unseres Staates schuldig, daß sie die Traditionspflege nicht zum Schwadronieren auf Stammtischebene verkommen läßt.

Zwei Beispiele: Während der Befreiungskriege erließ General Yorck von Wartenburg an seine Truppen folgenden Tagesbefehl:

»Mitten unter den Schrecknissen eines mit Erbitterung geführten Nationalkrieges habt ihr bewiesen, daß der wahre Soldat der Menschlichkeit nicht fremd werden darf. Die Zeugnisse feindlicher Generale und Obrigkeiten sind schöne Denkmäler des Geistes, der unter Euch waltet und Eure Schritte zur Menschlichkeit geleitet hat. Ich danke Euch als Euer Vater und Freund.«

Das zweite Beispiel: Ludwig Beck. Er tat im Ersten Weltkrieg als Offizier seine Pflicht. Als Chef des Generalstabes des Heeres trat er 1938 von seinem Posten zurück, da er erkannte, daß Hitler auf den Krieg zusteuerte. Er tat dies mit einem Memorandum, das Pflichtlektüre jedes deutschen Soldaten sein sollte. Ludwig

Becks Bemühungen, den Frieden zu retten, scheiterten, nicht zuletzt deshalb, weil seine Kameraden ihm nicht folgen mochten.

Seit seinem Rücktritt war er das anerkannte Haupt der Widerstandsbewegung gegen Hitler, die die besten militärischen und zivilen Traditionen unserer Nation vereinigte. Er war bereit, sich einem erneuerten Deutschland als Staatsoberhaupt zur Verfügung zu stellen. Er hat sein Soldatentum mit seinem Tod am 20. Juli 1944 besiegelt. Er scheint mir ein geeignetes Vorbild für die Bundeswehr: Er tat im Krieg seine Pflicht, er kämpfte für den Frieden und er starb für die Freiheit seines Volkes.

Die Traditionspflege ist Teil dessen, was mit einem nicht sehr glücklichen Wort als »innere Führung« bezeichnet wird. Damit ist die Notwendigkeit gemeint, dem Soldaten Sinn, Aufgabe und Organisation unserer Verteidigung und damit seines Berufs, beziehungsweise der Ableistung seiner Wehrpflicht, deutlich zu machen. Das ist in der Tat notwendig, ja, es ist die Grundlage, auf der die ganze Bundeswehr ruht oder besser gesagt, ruhen sollte.

Jeder Soldat, der das weiß, weiß auch, daß es damit nicht zum besten bestellt ist. Das hat mancherlei Gründe. Die Wehrpflichtzeit ist verkürzt worden. Zu gleicher Zeit stiegen die Anforderungen, die immer moderneres Gerät an die Ausbildung stellt. Ausbilder ächzen unter diesem Zeitdruck. Die kurze Ausbildungszeit erlaubt ihnen nur mit knapper Mühe, die technischen Ausbildungsziele zu erreichen. Die Soldaten lernen, mit den Waffen umzugehen, aber sie lernen kaum noch, warum sie mit Waffen umgehen. Ich halte das für eine bedenkliche Entwicklung.

Die Demokratie verlangt mehr als den reinen Waffentechniker. Kaum eine Tätigkeit, kaum ein Beruf, erfordert eine so tiefe Auseinandersetzung mit seinen sittlichen und geistigen Grundlagen wie der Beruf des Soldaten. Ein Soldat, der sich über sein Tun keine Rechenschaft abzulegen vermag, ist, er sei technisch so gut ausgebildet wie auch immer, ein schlechter Soldat.

Wir müssen darüber nachdenken, wie wir die organisatorischen, geistigen und personellen, und wenn nötig gesetzgeberischen Voraussetzungen für eine umfassende Ausbildung unserer Soldaten schaffen. Da in den Schulen, auf den Universitäten und sonstigen Bildungseinrichtungen in dieser Richtung wahrscheinlich nichts geschehen wird, liegt hier eine zentrale gesellschaftspolitische und geistige Aufgabe der Bundeswehr. Ein paar Pflichtstunden, die die jungen Soldaten mehr oder weniger schlafend absolvieren, genügen da nicht!

Ich möchte nicht mißverstanden werden: Ich habe nichts gegen die technische Ausbildung. Der Soldat, der nicht schießen kann, taugt so wenig wie ein Soldat, der nicht weiß, warum er schießt.

Die Bundeswehr hat einen erzieherischen Auftrag, und sie muß sich ihm stellen. Wie werden nun unsere Offiziere auf diese staatsbürgerliche Aufgabe vorbereitet? Die Bundeswehrhochschulen haben sich, wie das bei uns so üblich ist, zu wissenschaftlichen Institutionen entwickelt, an denen, wie an den übrigen Hochschulen auch, die jungen Menschen theoretisch ausgebildet werden. Ihr Kopf wird mit theoretischem Wissen vollgestopft – bis hin zum Friedhofsrecht. Als Oberleutnant oder junger Hauptmann, das heißt als Vorgesetzter von sehr vielen Menschen, verläßt er die Bundeswehrhochschule und hat keine Ahnung davon, wie er seine Befehlsgewalt praktisch ausüben soll.

Ich habe vor kurzem auf den Übelstand der allzu theoretischen Ausbildung an unseren zivilen Bildungseinrichtungen hingewiesen. Als Vorbereitung auf den Offiziersberuf halte ich eine rein theoretische Ausbildung für völlig unmöglich. Ein Offizier hat mit Menschen und mit technischem Gerät umzugehen. Seine Ausbildung sollte sich darauf konzentrieren, daß er an ihrem Ende, versehen mit dem notwendigen theoretischen Rüstzeug, mit Menschen und Gerät wirklich umgehen kann.

Die Bundeswehrhochschulen sind allerdings dazu berufen, die geistigen Grundlagen einer demokratischen Streitkraft wissenschaftlich zu erarbeiten. Dies sollte im

Zentrum der theoretischen Ausbildung stehen. Gerade hier aber geschieht, wie mir berichtet wird, nur sehr wenig.

Den Ausdruck »innere Führung« kann man auch dahingehend mißverstehen, daß es sich bei ihm um eine Angelegenheit ausschließlich der Bundeswehr handelt. Dabei sollten gerade diese Grundsätze im Bewußtsein jeden demokratischen Bürgers verankert sein. Die Grundsätze der inneren Führung gehören in jeden Staatskundeunterricht. Sie gehören zum Rüstzeug jedes Demokraten.

Warum war die kleine Schweiz während des Zweiten Weltkrieges militärisch so stark, daß selbst Hitler sie nicht angegriffen hat? Sie war so stark, weil jeder Schweizer Bürger Sinn und Aufgabe seines Militärdienstes kannte und bejahte. Diese alte bedeutende Demokratie zeigt uns, wie Verteidigungsbereitschaft und demokratisches Bewußtsein, fern von allem Militarismus, in jedem Bürger eins werden können. Davon sind wir noch weit entfernt.

Das Schweizer Beispiel zeigt uns auch, wie wir das Problem der Kriegsdienstverweigerung zu lösen haben, nämlich durch die Heranbildung eines staatsbürgerlichen Bewußtseins in allen Bürgern, das sich der eigenen Streitmacht nicht schämt, das sie nicht verdrängt, sondern sie als selbstverständlichen Bestandteil des demokratischen Gemeinwesens begreift.

Aber auch damit ist es noch nicht getan. Staat und Gesellschaft müssen dem jungen Bürger so überzeugend erscheinen, daß ihre Verteidigung ihm selbstverständlich wird. Je besser unser Staat ist, desto leichter ist es, unsere junge Generation davon zu überzeugen, daß er gegen Angriffe von außen verteidigt werden muß.

Die Verteidigungskraft unseres Landes wird am besten dadurch gestärkt, daß wir die Freiheit, die Gerechtigkeit, die Menschlichkeit unseres Gemeinwesens stärken und sichern. Die Verteidigungskraft unseres Landes wird geschwächt, wenn sich der Staat den Soldaten, der Jugend, als eine Institution zur Produktion von Skandalen, Pannen und gegenseitiger Beschimpfungen darstellt. Sie wird geschwächt, wenn sich der Staat als unfähig erweist, die Probleme der Zukunft zu lösen, so daß sie den jungen Menschen, die heute ihren Wehrdienst ableisten, morgen auf die Füße fallen.

Man kann von den jungen Menschen nur schwer würdiges Betragen in der Öffentlichkeit, Gehorsam, Pflichterfüllung und im Kriegsfall den Einsatz des eigenen Lebens verlangen, wenn die Gesamtgesellschaft vom Geist des Egoismus geprägt wird, der nur die eigenen Interessen kennt; wenn die gesellschaftlichen Gruppen immer unfähiger zum Gespräch werden; wenn die Politik sich in einem Stil darbietet, der das Anstandsgefühl junger Menschen verletzen muß.

Was ist denn der tiefere Grund für das rapide Ansteigen der Zahl der Kriegsdienstverweigerer in der kurzen Zeit, in der das neue Wehrpflichtgesetz galt? Der Grund ist, daß sich manche dieser jungen Menschen ganz einfach so verhalten, wie es die Gesellschaft in weiten Bereichen ihnen vormacht. Sie sehen nicht ein, wieso sie Wehrdienst leisten sollen, während um sie herum zu wenige bereit sind, ihre Interessen zugunsten der Allgemeinheit zurückzustellen. Es ist leicht, den jungen Menschen den Vorwurf zu machen, sie seien nicht bereit, Opfer für die Gemeinschaft zu bringen. Wären mehr Erwachsene dazu bereit, dann wären auch mehr Jugendliche dazu bereit.

Um so dankbarer bin ich den Zehntausenden von jungen Mitbürgern, die ihrer Wehrpflicht auch in dieser Zeit nachgekommen sind. Sie können manchem sehr viel Älteren durchaus als Vorbild dienen.

Nicht nur Staat und Gesellschaft haben Ansprüche an die Bundeswehr und die Wehrpflichtigen. Unsere Soldaten und Wehrpflichtigen können mit Recht auch Ansprüche an Staat und Gesellschaft stellen.

Ich habe den Eindruck, daß diese einfache Wahrheit in der Öffentlichkeit außerhalb der Bundeswehr zuweilen nicht deutlich genug erkannt wird.

Hans Apel

# Kontinuität in der Sicherheits- und Verteidigungspolitik der Bundesrepublik Deutschland

Man kann ja eigentlich froh sein, daß ich nicht mit dem Kopf zuerst in dieses Becken gesprungen bin, denn dann wäre es sicherlich sehr viel schwieriger für mich gewesen, diese Rede vorzubereiten, obwohl der mich begleitende Polizist, der diesen Sprung gemacht hatte, heil geblieben ist.

Für mich war es eine Selbstverständlichkeit, daß ich heute zu Ihnen komme, denn Kommandeurstagungen finden nur einmal im Jahr statt, und dann hat man als Minister die verdammte Pflicht und Schuldigkeit, das zu tun, was man kann, um diesen ersten Kontakt mit Ihnen zu suchen, das Gespräch mit Ihnen zu suchen, weitere Gespräche vorzubereiten, einander kennenzulernen.

Wir alle stehen sicherlich noch unter dem Eindruck der Regierungsumbildung, obwohl wir uns wahrscheinlich in unserem Land daran gewöhnen müssen, daß Regierungsumbildungen zwar kein alltäglicher, aber in einer Demokratie doch ein ganz normaler Vorgang sind.

Bevor ich zur Sache rede, ist es mir ein Herzensanliegen, meinem Vorgänger im Amte zu danken.

Ich denke, wir übertreiben nicht, wenn wir sagen, daß Georg Leber in der Reihe der Verteidigungsminister einen hervorragenden Platz eingenommen hat. Er hat sich wie kein anderer dafür eingesetzt, daß der Zwiespalt zwischen organisierter Arbeitnehmerschaft auf der einen Seite und den Streitkräften auf der anderen Seite geschlossen wurde. Und wenn man so wie ich Zeit hat, Zeit gehabt hat in den letzten 14 Tagen, auch einmal gründlich zu lesen, und ich habe mich in der Zeit u. a. mit der Weimarer Republik beschäftigt, dann wird deutlich, wie wichtig die Entscheidung, dieser Beitrag Georg Lebers für die Zukunft, für die Gegenwart und die Zukunft dieses Staates war. An den Grundlinien unserer Verteidigungs- und Sicherheitspolitik wird sich nichts ändern. Dieses ist eine Selbstverständlichkeit, aber ich will sie ausdrücklich am Beginn meiner Ausführungen hier aussprechen. Das Atlantische Bündnis bleibt Grundlage unserer Sicherheit und die Bundeswehr bleibt, wie der Herr Bundeskanzler in seiner Regierungserklärung vom 17. Dezember festgestellt hat, eine Armee zur Verteidigung im Rahmen des Bündnisses, und sie kann und sie soll keine Angriffsarmee sein. Alle die, die etwas anderes behaupten, sagen es wider besseres Wissen.

Nun sind die Ost-West-Beziehungen seit vielen Jahren dadurch gekennzeichnet, daß auf beiden Seiten glaubhaft die Politik der Entspannung verfolgt wird. Und ich glaube, wir alle können die Erfolge dieser Entspannungspolitik abgreifen und feststellen, und es kann auch nicht übersehen werden, daß es zu dieser Politik der Entspannung für beide Seiten, ich unterstreiche »für beide Seiten«, keine Alternative auf Dauer gibt. Gleichzeitig aber zu dieser Feststellung, daß es zu dieser Politik der Entspannung keinerlei Alternative gibt, läuft in Osteuropa ein dynamischer Prozeß ab der quantitativen und qualitativen Verbesserung der eigenen Streitkräfte, und diesen Prozeß müssen wir mit großen Sorgen betrachten. Es ist müßig und auch nicht der Ort hier, darüber zu spekulieren, welche Motive und welche Ziele hinter dieser sowjetischen Politik stehen, sicherlich gibt es auf diese Frage mehr als eine zutreffende Antwort. Wir haben die Entspannungspolitik fortzusetzen. Wir müssen aber – und dieses ist entscheidend – unseren Gesprächspartnern in Osteuropa sagen, daß sich Entspannung und gleichzeitige schnelle Verstärkung der Rüstung auf Dauer ausschließen. Wir müssen ihnen sagen, daß wir Erfolge bei der Rüstungsbegrenzung wollen, aber nicht um den Preis westlicher Erpreßbarkeit durch militärische Unterlegenheit der NATO.

Ich sagte eingangs, daß der Wechsel im Amt die Grundlinien unserer Sicherheits- und Verteidigungspolitik nicht ändert. Ich wollte damit auch sagen, daß es überhaupt keinen Anlaß gibt, auf der Hardthöhe alles neu zu debattieren, was in der Bundeswehr bereits hinlänglich ausdiskutiert worden ist, wenngleich auch hier und da Akzente anders gesetzt werden können und auch sicherlich anders gesetzt werden, vielleicht sogar müssen, und auch das ist normal.

Wo immer Politik gestaltet wird, wird sie von Menschen gestaltet, die ihre persönlichen Erfahrungen und Vorstellungen in ihre Arbeit einbringen. Sie, meine Herren Kommandeure, waren sicherlich erstaunt über meine Entscheidungen zur Wehrstruktur. Doch Reformen haben für mich nur einen Sinn, wenn sie dem Menschen dienen, sachlich geboten und finanzierbar sind.

Ich möchte hier eine ganz persönliche Bemerkung einschieben. Es war meine Absicht, bei den Entscheidungen teilweise vorläufig, teilweise endgültig niemandem wehezutun. Dennoch könnte ich mir vorstellen, sehr geehrter Herr Wust, daß ich auch mit Ungeschicklichkeit – was nicht meine Absicht war – Sie verletzt habe. Ich habe mich bei Ihnen persönlich entschuldigt, wenn Sie getroffen gewesen sein sollten, und ich möchte Ihnen sagen, wie Sie diese Entscheidung vertreten und hingenommen haben, hat mich unglaublich beeindruckt. Sie haben in mir einen Freund gewonnen, Sie können auf mich zählen. Im übrigen weiß ich, daß ich die Weisheit nicht gepachtet habe. Deswegen müssen wir die Debatte zur Wehr- und Heeresstruktur, zum Sanitätsmodell, zur Reservistenkonzeption fortsetzen, notfalls kontrovers. Entscheidungen werden allerdings unausweichlich. Und ich habe die Absicht, noch in dem ersten Halbjahr 1978 soweit es geht die Entscheidungen abzuschließen, denn ich denke, unsere Truppe braucht Klarheit. Worauf kommt es an? Es kommt darauf an, daß das Kriterium der Finanzierbarkeit nicht der einzige Maßstab ist. Und wenn mich etwas an der Pressekommentierung gestört hat, dies war aber meine eigene Schuld, denn ich hätte ja selbst zur Pressekonferenz gehen können, war es der Eindruck, der entstanden war, als ginge es im wesentlichen um Fragen der Finanzierbarkeit. Darum ging es natürlich nicht. Es ging um Fragen der Zweckmäßigkeit.

War es sachlich geboten, einen zentralen Unterstützungsbereich zu schaffen? War es aus der NATO-Perspektive vernünftig und zweckmäßig? Und es ging um die Frage der Finanzierbarkeit und die Frage, ob wir die Bundeswehr zu einer Baustelle machen wollen oder nicht. Aber, natürlich können wir die Fragen der Finanzierbarkeit auch nicht beiseite drücken. Ich füge aber hinzu, wenn Maßnahmen der Wehrstruktur und der Heeresstruktur im Interesse der Verteidigungskraft der NATO unabweisbar sind, dann müssen sie durchgesetzt werden. Dann müssen wir auch den Soldaten und Zivilisten Umzug, Umschulung der Kinder, Berufsprobleme mitarbeitender Ehefrauen zumuten. Aber eben nur dann. Wir dürfen über allen Reformeifer niemals den politischen Ansatz und unser Ziel aus den Augen verlieren und uns Spielereien hingeben. Meine Fürsorgepflicht – unsere Fürsorgepflicht –, denn hier sind wir sicherlich einer Meinung, für 670 000 Menschen zwingt uns auch, nicht zuletzt an sie zu denken, wenn die Entscheidungen zur Wehrstruktur fallen. Manche fragen sich – vielleicht auch Sie, meine sehr geehrten Herren –, woher denn eigentlich der neue Mann auf der Hardthöhe Mut und Kompetenz nimmt, um Entscheidungen dieser

Tragweite zu fällen. Die Bürger fragen sich, woher ich eigentlich mein Fachwissen hätte. Ich halte diese Art von Fragen für berechtigt, aber halte sie für falsch gestellt. Der Verteidigungsminister ist gleichzeitig Sicherheitsminister, Rüstungsminister und Soldatenminister. In meiner Eigenschaft als Sicherheitsminister brauche ich heute und künftig natürlich manchen auch kritischen Rat. Dafür werden Sie schon sorgen. Ich habe nationale Zuständigkeiten und internationale Verpflichtungen. Meine Vorgaben helfen mir. Von 1969 bis 1972 stellvertretender Fraktionsvorsitzender und Sprecher für Außen- und Ostpolitik, 1972 bis 1974 Staatssekretär im Auswärtigen Amt, und daß der Finanzminister Teil der Außenpolitik ist, dies wird in den letzten Wochen und Monaten der Währungsturbulenz mehr als sichtbar.

Als Rüstungsminister werde ich vor allem Rüstungsfinanzierungsminister zu sein haben. Über die Waffensysteme der nächsten Jahre ist bis auf AWACS* weitgehend ent-

* Airborne Warning and Control System (Fliegendes Frühwarn- und Führungssystem).

schieden. Lassen Sie mich hier einen Satz zu AWACS sagen: Wir beginnen die parlamentarischen Beratungen zu dieser Frage Mittwoch nächster Woche im Verteidigungsausschuß und im Haushaltsausschuß. Ich denke, wir sollten den Abgeordneten des Deutschen Bundestages zu diesem Problem folgendes sagen:

Erstens, wir können sicherlich die militärische Beurteilung von AWACS national allein nicht vornehmen, sondern dies ist ein Thema, daß allianzweit und militärisch gesehen und gewertet werden muß. Zweitens, AWACS hat einen hohen integrationspolitischen Wert, und ich füge hinzu, ich bin eigentlich davon überzeugt, daß das Engagement der Bundesrepublik Deutschland, der Bundesregierung sehr weit in dieser Frage gediehen ist. Drittens, ich kann allerdings nicht übersehen, daß der jetzige Finanzminister mir einen Brief geschrieben hat, den ich noch diktiert hatte, – ich fand den Brief unverschämt und habe ihn entsprechend beantwortet, – ja, das war vielleicht ein Ton, kann ich Ihnen sagen, ich habe mich nur gewundert.

Ich kann nicht übersehen, daß wir dann, wenn wir über AWACS entscheiden, in einem positiven Sinne, wir AWACS unterzubringen haben in der mittelfristigen Finanzplanung, in der Streitkräfteplanung, daß wir nicht davon ausgehen können, daß es zusätzliches Geld und zusätzliche Stellen gibt. Und schließlich viertens, daß wir unseren amerikanischen Freunden sagen müssen und wohl auch sagen dürfen, daß wir auf einer guten Kompensation bei AWACS selbst bestehen, das ist wohl auch weitgehend garantiert, aber daß Beschaffung keine Einbahnstraße ist, sondern eine Zweibahnstraße, und daß wir der Meinung sind, daß wir eine ganze Reihe so hervorragender Waffensysteme entwickelt haben, daß man sich ihrer ohne weiteres bedienen kann, weil sie gut sind.

Sie sehen also – wenn Sie so wollen –, in diesem Parallelogramm der Kräfte bewegt sich das Thema AWACS, und mit dieser Offenheit werde ich mit den Abgeordneten reden, mit der inneren Überzeugung, daß wir gut beraten wären, wenn wir AWACS wollen mit diesen Kautelen.

Als Soldatenminister – um auf mein Thema zurückzukommen, das waren die drei Elemente: Sicherheits-, Rüstungs- und Soldatenminister – habe ich natürlich schon viel gelernt, und mein erster Truppenbesuch fand ja auch schon statt, mehr in der Horizontalen, aber immerhin muß ich sicherlich noch manches erfahren. Und in diesem Bereich, und das gebe ich auch gerne zu, hätte es mir einen Startvorteil gebracht, wenn ich nicht »Weißer Jahrgang« gewesen wäre. Andererseits ist kritisches Betrachten ohne Vorurteile oft ertragreicher, als durch begrenzte Vorkenntnisse vielleicht voreingenommen zu sein und damit zu fehlerhaften Schlüssen zu kommen. Ich habe in den ersten 50 Tagen meiner Amtszeit als Bundesminister der Verteidigung intensiv gearbeitet. Ich habe mir einen Überblick über die Probleme verschafft, ich habe Probleme analysiert und wir haben die notwendigen Entscheidungen vorbereitet, das waren Wochen harter Arbeit, kontroverser Debatte und guter Erkenntnisse. Ich bin kein Mann, der Lob ausspricht, wenn es nicht angemessen ist, aber ich muß Ihnen sagen, meine Herren, ich war beeindruckt von dem Engagement und von dem Wissen derer, die mit mir in diesen Wochen zusammengearbeitet haben, und ich glaube, auch sie haben durch diese Massivität der Debatte, durch die Zusammenschau vieler Probleme manches neu gesehen. Bis zur Sommerpause werde ich die Zeit nutzen, um die Truppe zu besuchen, ich werde meinen Fuß nicht zur Kenntnis nehmen, nach der Sommerpause werde ich zu Informationstagungen der Vertrauensleute, der Mannschaften, der Unteroffiziere und zu einer Tagung der Kompaniechefs und Bataillonskommandeure einladen. Im Herbst werde ich an einem Manöver teilnehmen und ich werde nicht dort als Staatsgast von Station zu Station hüpfen, sondern ich werde sehen, wie es geht, damit ich begreife, wie derjenige sich fühlt, der tagelang im Dreck liegen muß. Denn nur aus eigener Erkenntnis kann man sich ein Mindestmaß an Gefühl für soziale und menschliche Probleme derer verschaffen, über die man regiert. Und regieren heißt gewählt sein und nicht erwählt sein. Ich weiß, auf Grund meiner Erfahrung dieser ersten 50 Tage, daß ich mich als Verteidigungsminister nicht um alles kümmern kann, und ich muß Vertrauen haben zu Ihnen und ich habe dieses Vertrauen, wir werden gut miteinander auskommen. Aber ich bin sehr wohl der Meinung, daß ich als Verteidigungsminister die Pflicht habe, mich bei wichtigen Entscheidungen sehr frühzeitig in Meinungsbildungsprozesse einzuschalten, denn nur wer frühzeitig das Für und Wider kennengelernt hat, wer frühzeitig weiß, welche Positionen warum bezogen werden, kann am Ende auch ein entsprechendes Urteil fällen, und das Urteil muß am Ende der Minister fällen, er trägt die Verantwortung und hat damit auch die Pflicht zur Entscheidung.

Im übrigen werden wir diesen Prozeß der Entscheidung, der in vielen Fällen vor uns liegt, offen miteinander austragen, ich bin auch dafür, daß wir ein gewisses Maß an Gelassenheit zeigen. Diese Gelassenheit wünsche ich uns insbesondere als Bundeswehr gegenüber Reaktionen von außen oder innerhalb der Bundeswehr. Ich bin für Gelassenheit. Ich bin für mehr Gelassenheit auch bei Vorgängen innerhalb der Bundeswehr. Ich bin dagegen, daß wir Überreaktionen zeigen, daß wir selbst Stürme im Wasserglas erzeugen. Die Bundeswehr ist integraler Bestandteil dieser Gesellschaft, hier zweifelt niemand mehr an der Bundeswehr. Sie sind akzeptiert, und zwar seit 23 Jahren. Wir sind aktzeptiert und wir sollten deswegen selbstbewußt antworten auf Fehlverhalten, das natürlich auch innerhalb der Bundeswehr möglich ist; Überreaktionen sind nicht angemessen. Ich bin für Augenmaß, für Selbstbewußtsein, für Standfestigkeit. Ich habe bei diesen vielen Gesprächen und Debatten einige Probleme gespürt, die in den nächsten Wochen auf uns zukommen und die wir zu behandeln haben werden. Ich möchte einige ansprechen, ohne dabei Anspruch auf logische Reihenfolge oder Vollständigkeit zu erheben.

Ich beginne mit einem Problem, dem wir in der Bundeswehr vielleicht noch mehr Aufmerksamkeit widmen müssen, ich meine die Bundeswehrhochschulen. Es war zweifelsohne richtig und weitsichtig, der Offiziersausbildung eine wesentliche akademische Komponente beizugeben. Alle Offiziere erhalten durch das Studium eine bessere Vorbereitung für ihre Aufgaben in den Streitkräften. Die große Zahl der Offiziere in den Streitkräften, die nach ihrer Dienstzeit als Soldat auf Zeit aus der Bundeswehr ausscheidet, erhält die Möglichkeit, einen akademischen Zivilberuf zu ergreifen. Wir werden sicherlich noch viel zu tun haben, damit die erziehungs- und gesellschaftswissenschaftlichen Anteile des Studiums, die die jungen Offiziere auf ihre Aufgaben als Vorgesetzte vorbereiten, ausgebaut und entwickelt werden. Wir werden sicherlich auch noch manches zu tun haben, damit der Bezug des Studiums zum Offizier zum Beruf des Offiziers noch vertieft wird. Wir werden auch sicherlich noch manche Aufgabe haben, um die Interessen der Streitkräfte gebührend berücksichtigt zu sehen bei der Ausbildung. Doch dieses ist nicht mein eigentliches Problem. Worauf es mir ankommt, ist etwas ganz anderes. Denn die Bundeswehrschulen werden sich weiterentwickeln. Die Präsidenten waren bei mir und haben mir beide erzählt, daß sie das Habilitationsrecht anstreben, das Promotionsrecht anstreben. Dieses ist alles nur zu begrüßen, aber es zeigt, daß hier Entwicklungen in Gang kommen. Die Bundeswehrhochschulen werden sich sicherlich nicht zu Militärakademien entwickeln. Wir wollen das nicht. Unsere föderale Bildungsstruktur und die Verfassungskompetenz der Länder stehen dem sowieso entgegen, aber dürfen die Bundeswehrhochschulen andererseits Hochschulen werden, an denen gut bezahlte Soldaten wie Studenten ihr Wesen und Unwesen treiben? Ich sage auch zu diesem Extrem nein. Auch in diesem Falle können und dürfen wir nicht vergessen, warum wir uns zu diesem Reformschritt und seiner Finanzierung entschlossen haben. Die schwierige Aufgabe des Staatsbürgers in Uniform wird uns an den Bundeswehrhochschulen in den nächsten Jahren so manche Nuß zu knacken aufgeben. Wenn ich höre, daß es Professoren gibt, die das

Erscheinen von jungen Soldaten in Uniform in einer Vorlesung als eine Provokation empfinden, dann empfinde ich dieses Empfinden als Provokation. Das, was sie heute anhaben, ist ihr Dienstkleid, und sie haben das gute Recht, vielleicht sogar die Pflicht, dieses öffentlich zu zeigen und mit Ehre und mit Stolz zu tragen, und unsere Professoren an den Hochschulen werden sich daran gewöhnen. Notfalls kann ich dazu ja auch mal ein paar Takte sagen. In jedem Falle heißt Politik handeln und nicht reagieren, und deswegen dürfen wir nicht warten, bis die Probleme bei den Bundeswehrhochschulen auf dem Tisch liegen, sondern wir müssen vorher an die Arbeit gehen, weder Militärakademie noch Allerweltshochschule ist unser Ziel. Wir wollen mit dem Instrument Bundeswehrhochschule unsere künftigen Truppenführer so ausbilden, daß sie ihrer Aufgabe gewachsen sind. Diese jungen Leute werden am Ende dieses Jahrtausends die Bundeswehr, Geist und Charakter unserer Truppe bestimmen. Und allein schon deshalb heißt es wachsam sein und rechtzeitig handeln.

Sie erwarten sicherlich von mir ein Wort zur Neutronenwaffe. Die Bundesrepublik Deutschland ist kein Kernwaffenstaat. Sie nimmt ihre entsprechenden vertraglichen Verpflichtungen sehr ernst. Die Produktionsentscheidung für die Neutronenwaffe kann nur vom amerikanischen Präsidenten gefällt werden, dieses ist so, und dieses bleibt so. Zu trennen von dieser Produktionsentscheidung ist allerdings die Frage der verteidigungspolitischen und der rüstungspolitischen Bedeutung dieser Waffe. Dies zu bewerten ist Sache aller Partner in der atlantischen Allianz. Die Bundesregierung hat gerade diese Pflicht zur gemeinsamen Beratung im Bündnis stets besonders ernst genommen und die intensiven Konsultationen vor allem mit den Vereinigten Staaten und Großbritannien als wichtig empfunden. Der Bundesregierung war und ist an einer Konsensbildung im Bündnis gelegen. Sie werden verstehen, meine Herren, daß ich zu den verwirrenden Zeitungsmeldungen der letzten Tage weder Stellung nehmen kann, noch Stellung nehmen will. Nicht zuletzt deshalb, weil sie nicht die Bundesrepublik und ihre Sicherheitspolitik betreffen. In jedem Falle steht für mich fest, daß das Ziel unserer Politik auch künftig ist, den Frieden sicherer zu machen. Sie wissen, daß dies ein langwieriges und mühseliges Geschäft ist. Wir werden dabei wie bei der KSZE-Nachfolgekonferenz mit Nachdruck dafür eintreten, daß diese Politik ganz unmittelbar für die Menschen in Ost und West Segen bringt. Ich habe mir zu keiner Zeit Illusionen über die Marschgeschwindigkeit unserer Bemühungen gemacht. Dieser Marschgeschwindigkeit sind Grenzen gesetzt. Das wurde auch in Belgrad deutlich. Aber ich bitte doch sehr darum, nicht zu übersehen, daß wir auch Fortschritte gemacht haben. Seit Helsinki konnten 100 000 Deutsche aus dem Osten die Ausreise in die Bundesrepublik antreten. Das bedeutet für diese Menschen den uneingeschränkten Erwerb tatsächlicher Freiheit. Dies allein schon rechtfertigt unsere Anstrengungen heute und in der Zukunft. Wir werden diese Entspannungspolitik auf der Grundlage, und dieses ist entscheidend, gesicherter Verteidigungsfähigkeit fortsetzen, und wir werden sie wie bisher nur in enger Zusammenarbeit und gemeinsam mit unseren Bündnispartnern fortsetzen. Entspannungspolitik wie Bündnispolitik sind für uns wesentliche, unverzichtbare Elemente unserer Politik. Daß unsere Stimme bei diesen Fragen ein besonderes Gewicht hat, das entspricht unseren Leistungen im Bündnis.

Lassen Sie mich in diesem Zusammenhang etwas zu den Kosten für unsere Sicherheit, zum Verteidigungshaushalt sagen. In den vergangenen Jahren mußte ich als Finanzminister das an Mitteln herbeischaffen, was meine Kollegen im Kabinett als Geldausgeber benötigten. Ich bin denn heute in einer sehr viel besseren Situation. Allerdings weiß ich genau, welche Sorgen mein Nachfolger im Finanzministerium hat. Ich werde deswegen auch künftig nicht nur – ein bißchen schon – als Lobbyist für den Etat unseres Ministeriums auftreten, denn natürlich verändert das Sein auch das Bewußtsein. Aber ich werde darauf bestehen, daß unsere Bundeswehr wie bisher die finanziellen Mittel erhält, die Garantie dafür sind, daß unsere Sicherheit erhalten bleibt. Wo stehen wir heute im Bündnis? Unser Land leistet nach den USA den zweithöchsten Verteidigungsbeitrag zur Allianz. Zu den Gemeinschaftsaufgaben der Allianz haben wir vergleichsweise mehr geleistet als andere Bündnispartner. So sind wir an der Finanzierung der Gemeinschaftsvorhaben der NATO zu rund einem Drittel beteiligt. Von den Ausgaben für die Nato-Infrastruktur tragen wir allein über 26%. Das 1970 beschlossene European Defence Improvement-Program haben wir mit einem Anteil von rund 42% finanziert. Wir wollen solche Leistungen und unsere Beschaffungsentscheidungen nicht gefährden, darum müssen wir klar die Grenzen der staatlichen Leistungsfähigkeit erkennen und sie respektieren. Die mittelfristige Finanzplanung und das 5-Jahres-Programm der Bundeswehr garantieren für die nächsten Jahre ein kontinuierliches, reales Wachstum. Damit tragen wir auch der Initiative von Präsident Carter Rechnung. Wir werden diesen Zuwachs des Verteidigungshaushaltes dafür einsetzen, daß die von der Bundesregierung beabsichtigte und bereits eingeplante Erneuerung und Modernisierung der Streitkräfte gewährleistet bleibt.

Ich erinnere hier nur an die bereits genehmigten Beschaffungsvorhaben: die Panzerabwehrraketensysteme HOT und MILAN und den Panzerabwehrhubschrauber, den Kampfpanzer »Leopard 2«, die Flugabwehrpanzer »Roland« und »Gepard«, MRCA »Tornado« und den Alpha Jet, die neuen Fregatten und Schnellboote. Die Gesamtsumme des vom Parlament bereits genehmigten Beschaffungsvorhabens beläuft sich auf rund 35 Mrd. DM. Zusätzlich massive Forderungen an uns, aber auch eigene massive zusätzliche Ansprüche würden ein überproportionales Wachstum der Verteidigungsausgaben verlangen. Damit kann jedoch gegenwärtig und auch künftig kaum gerechnet werden. Jede DM kann nur einmal ausgegeben werden. Die Lösung dringender sozialer und wirtschaftlicher Probleme kann nicht zugunsten überproportional steigender Verteidigungsausgaben zurückgestellt werden. Ich denke hier vor allem an Maßnahmen zur Beilegung der Arbeitslosigkeit, an die finanzielle Konsolidierung der Renten- und Krankenversicherung, an die Verbesserung des Bildungswesens und des Gesundheitsschutzes und nicht zuletzt auch an die Konsolidierung der öffentlichen Haushalte. Worauf kommt es an? Wir wollen einerseits soziale Spannungen vermeiden und die wirtschaftliche Leistungskraft unseres Landes erhalten. Darum ist eine Lösung dieser Probleme unausweichlich. Gleichzeitig, und dies ist das Entscheidende, bewahren wir uns damit auch in der Zukunft die Voraussetzungen für einen angemessenen Beitrag zur deutschen Sicherung des Bündnisses, zum Ausbau der Europäischen Gemeinschaft und zur Lösung des Nord-Süd-Konflikts. Präsident Carter hat im Januar 1978 in seiner Botschaft über die Lage der Nation die amerikanische Verpflichtung zur Verteidigung Europas erneut bekräftigt. Er fügte hinzu, daß die USA auch 1978 dieser Verpflichtung durch eine weitere Modernisierung und Stärkung ihrer militärischen Kapazitäten in

Europa nachkommen werden. Ich möchte in diesem Zusammenhang darauf hinweisen, daß die Bundesrepublik Deutschland sich dieser Aufgabe seit langem bewußt ist. Die Planung, von der ich gesprochen habe, der Zulassung neuer Waffensysteme sind in der Tat ein Vorgriff auf das langfristige Verstärkungsprogramm der NATO. Sie sind an den Notwendigkeiten des Bündnisses orientiert. Das gilt für unsere Investitionen, das gilt natürlich auch für die fälligen Entscheidungen zu einer modernen Streitkräftestruktur. Bereits im Vorjahr hat mein Amtsvorgänger Minister Leber den Anstoß gegeben, die Innere Führung weiter zu entwickeln. Minister Leber hatte in seiner Rede zum 20jährigen Bestehen der Schule der Bundeswehr für Innere Führung am 8. 3. 1977 gefordert, die Menschenführung in den Streitkräften zu verbessern und die politische Bildung der Soldaten zu intensivieren. Ich begrüße es, daß die Schule der Bundeswehr für Innere Führung Impulsgeber werden soll für die Weiterentwicklung der Inneren Führung, ich begrüße es, daß sie das geistige Zentrum der Streitkräfte werden soll, das sich mit diesen Aufgaben zu befassen hat. Ich bin dem Generalinspekteur dankbar, daß er den Auftrag erteilt hat, die Aufgabenstellung der Schule weiter zu fassen. Ich bin dafür, daß sie organisatorisch in die Lage versetzt wird, ihrer neuen Aufgabenstellung gerecht zu werden, die sich damit umschreiben läßt, daß diese Schule künftig zum Mittelpunkt der Inneren Führung in den Streitkräften ausgebaut wird.

Lassen Sie mich in diesem Zusammenhang etwas zu den Vorgängen an der Hochschule der Bundeswehr in München sagen. Nicht zuletzt deswegen, weil wir uns erst vor kurzem im Ministerium haben mit dem Problem beschäftigen müssen, weil von uns in den anhängigen Gerichtsverfahren weitere Schritte erwartet werden. Wir wollen dabei erneut deutlich machen, daß wir uns keine leichtfertige Mißachtung des gräßlichen Jahrzehnts in unserer Geschichte erlauben können. Es zeigt sich in diesem Falle im übrigen, daß die Streitkräfte etwas anderes sind als nur Teil des öffentlichen Dienstes. Ihr Ansehen im Inland wie im

Ausland ist so unvergleichlich wichtiger, weil Soldaten Waffen tragen, weil den Offizieren und Unteroffizieren durch Gesetzespflicht die jungen Männer anvertraut werden, die Vorbilder brauchen. Ich sage Ihnen aber auch ganz offen, meine Herren, daß ich erstaunt, um nicht zu sagen entsetzt darüber war, wie wenig die Dienstaufsicht hier in der Bundeswehrhochschule geklappt hat und diese jungen Menschen daran gehindert hat, sich selbst ins Unglück zu bringen, und ich bin der Meinung, daß wir uns hier auch Vorwürfe zu machen haben.

Übrigens führt mich das auf das Thema Bundeswehrhochschule zurück. Da muß es eben ein Element Dienstaufsicht geben. Da muß es ein Element geben, das deutlich macht, daß dort junge Offiziere ausgebildet werden, und daß gewisse Taten nicht durchgehen können, aber wir uns auch fragen müssen, was wir zu tun haben, damit diese jungen Leute ihr Wissen um die Naziverbrechen und ihre Folgen für unser Land und für Europa in ihr Selbstverständnis aufnehmen. Ich weiß sehr wohl, daß man so etwas, was in München geschehen ist, nicht ausschließen kann. Ich möchte mir und uns hier auch keinen Persilschein ausstellen, wir werden auch künftig für derartige Vorfälle die Verantwortung tragen, aber wir sollten alles tun, um Wiederholungen zu vermeiden. Wir sollten uns ernsthaft mit dem Problem auseinandersetzen; mit einer Verbesserung der politischen Bildung, so wichtig sie ist, allein kann es nicht getan sein. Worauf es allerdings auch ankommt, daß wir vor allem vermeiden, daß unsere jungen Soldaten und unsere jungen Offiziere durch unser Verhalten und durch ihren Ehrgeiz, in der Bundeswehr voranzukommen, zu angepaßten Duckmäusern werden. Der Staatsbürger in Uniform verteidigt seine republikanische Gesinnung aus Überzeugung und verwechselt sie nicht mit staatspolitischem Opportunismus. Unser Land, und damit komme ich zum Schluß, hat eine lange Periode des Friedens und deshalb auch stetiger innerer Entwicklung hinter sich. Wenn wir auf dem Wege zur sozialen Demokratie so vorangekommen sind, so unglaublich vorangekommen sind – mir ist das erst jetzt klargeworden im Krankenbett, bei der Lektüre vieler Bücher –, daß wir es doch alle in den 50er Jahren nicht für möglich gehalten hätten, wo wir dieses Land hinbringen könnten. Wir haben stolz auf dieses Land zu sein. Aber wenn dies möglich war, dann deswegen, meine sehr verehrten Damen und Herren, dies weiß Deutschland, dies weiß unser Land, dies weiß unser Volk, weil die Bundeswehr daran entscheidenden Anteil hatte. Ihre republikanische Gesinnung, ihr Vorhandensein, das Eingebettetsein in die westliche Allianz. Es waren unsere Streitkräfte, zusammen mit den Streitkräften unserer Bündnispartner, die diese Schutzfunktion für unser Gemeinwesen ausgeübt haben, die uns in die Lage versetzt haben, uns friedlich, sozial und ruhig weiterzuentwikkeln. Deshalb sind die Grundlinien unserer Sicherheits- und Verteidigungspolitik unverrückbar. Die Kontinuität bleibt gewahrt. Daß unser Land nur eine Zukunft in der westlichen Allianz und in der westeuropäischen Gemeinschaft hat, nur hier und nirgendwo anders, ich würde gerne hier eine Randbemerkung machen. Deswegen scheint es mir von größter Bedeutung zu sein, daß wir etwas sicherstellen, was ich in vier Jahren im Finanzministerium durchgesetzt habe, daß wir soviel wie möglich junge Menschen, die in der Bundeswehr dienen, in den internationalen Bereich einbringen, daß sie fremde Sprachen lernen, daß sie die Mentalität unserer Nachbarn begreifen, daß wir uns vorbereiten auf das dritte Jahrtausend nach Christi Geburt, nachdem dieses Land Teil des vereinigten Europas sein wird, und deswegen ist es für mich kein Lippenbekenntnis, wenn ich Ihnen sage, daß natürlich das Atlantische Bündnis Grundlage unserer Sicherheit und eine leistungsfähige Bundeswehr Basis dieser Allianz ist. Dieser Beitrag ist auch künftig die Basis für unser freiheitliches Gemeinwesen und für eine friedvolle Zukunft Europas und der Welt. Dafür alle meine Kraft einzusetzen, das ist für mich eine persönliche Herausforderung, das ist die zentrale Aufgabe für uns alle.

suhrkamp taschenbücher

st 440 Philip K. Dick, UBIK
Science-Fiction-Roman
Aus dem Amerikanischen von Renate Laux
Mit einem Nachwort von Stanisław Lem
Phantastische Bibliothek Band 15
222 Seiten
Das Schlüsselwort, das Joe Chip und seine Kollegen vor einer abscheulichen Verschwörung bewahren kann, heißt UBIK. Joe hat nie zuvor davon gehört. Er weiß aber, daß er dem geheimnisvollen UBIK auf die Spur kommen muß, wenn er seine surreale Existenz ändern will.
»Dick übertrifft in den Inventionen bei weitem seine Kollegen; seine sich verzweigende, ungeheure und ominös purzelbaum-schießende Welt ist voller Einfälle – manchmal mit satirischem Unterton.«

st 442 Hans Magnus Enzensberger, Politik und Verbrechen. Neun Beiträge
402 Seiten
»Enzensberger präsentiert seine eigenen Versuche, die Auffassungen von Recht und Rechtsverletzung, von Staat, Herrschaft, Gehorsam und Verrat zu revidieren. Es sind ... materialreiche und klug kommentierende Berichte von grellen Kriminalaffären, historischen Begebenheiten, politischen Verbrechen und großräumigen Gangstereien. Ein gemeinsames Interesse verbindet sie und macht sie zu Lehrstücken von literarischem Gewicht: das Interesse an der Symmetrie legaler und illegaler Handlungen.« *Jürgen Habermas*

st 444 Adolf Portmann, Das Tier als soziales Wesen
ca. 392 Seiten
In Einzeldarstellungen zeigt das Buch, in »wie hohem Maße alles Tierleben sozial ist«. Persönliches Erleben und Neigung des Verfassers bestimmen die Auslese, die von der Welt der Libellen zur Sozialwelt der Vögel und ihrer Sing- und Tanzrituale, zu den Fischströmen, Hirschrudeln und Wolfstrupps, zu den Pinguin-Kolonien und dem Sozialleben der australischen Vogelgattung Menura führt. Immer wieder ergeben sich von selbst auch Gesichtspunkte für das Beurteilen des menschlichen Gesellschaftslebens.

st 446 Fünf Minuten pro Patient
Eine Studie über die Interaktionen in der ärztlichen Allgemeinpraxis
Herausgegeben von Enid Balint und J. S. Norell
Aus dem Englischen von Käthe Hügel
256 Seiten
»Das Buch ... hat etwas von der Inspiration und von der selbstkritischen Skepsis, der Offenheit für menschliche Probleme wie auch der Einsicht in die Begrenztheit eigener Möglichkeiten, die den guten Arzt heute wie eh und je auszeichnen.« *Walter Bräutigam, FAZ*

st 448 Gert Ueding (Hrsg.), Materialien zu Hans Mayer, »Außenseiter«
218 Seiten
Der Band versucht, der inneren Struktur des Buches »Außenseiter« von Hans Mayer gerecht zu werden. Er versammelt Texte und Gespräche Hans Mayers, die in Rede und Gegenrede das Problem der Außenseiter auch theoretisch erneut zur Diskussion stellen. Selbst die meisten Rezensionen, von denen die wichtigsten hier dokumentiert werden, können als Bestandteil des Gesprächs verstanden werden, das Mayers großer Essay über die Außenseiter eröffnet hat.

st 449 Herbert Achternbusch, Die Stunde des Todes
Roman
100 Seiten
»Wie dieser Autor aus Querulantentum und Phantasie, eine bayrisch-bäuerische Kindheit im Rücken, Poetisches erschafft, das kann man sich mit seinem Roman unter die Haut lesen.« *Frankfurter Rundschau*

st 481 Walter Hinck, Von Heine zu Brecht
Lyrik im Geschichtsprozeß
156 Seiten
*Inhalt:* Ironie im Zeitgedicht Heines. Exil als Zuflucht der Resignation. Epigonendichtung und Nationalidee. Metamorphosen eines Volkslieds. Alle Macht den Lesern, Zur Lyrik Brechts. Das lyrische Subjekt im geschichtlichen Prozeß oder Der umgewendete Hegel.

## *Alphabetisches Gesamtverzeichnis der suhrkamp taschenbücher*